AF193847

Círculo Rojo

Acacia de lirio rojo

Acacia de lirio rojo

Fran. A.

Círculo Rojo
EDITORIAL

Primera edición: marzo 2024

Depósito legal: AL 574-2024

ISBN: 978-84-1061-879-4

Impresión y producción: Editorial Círculo Rojo

© Del texto: Francisco Adolfo Escudero Paredes
© Maquetación y diseño: Equipo de Editorial Círculo Rojo

Editorial Círculo Rojo

www.editorialcirculorojo.com

info@editorialcirculorojo.com

Impreso en España - Printed in Spain

Índice

Ayer te vi, Señor

Ayer te vi como paloma que descendía junto a mí.
El Espíritu Santo me decía,
me decía: «Ven a mí.
Te daré amor, paz, cariño y comprensión».

Una pregunta le hice yo:
«Dime, Señor, qué debo hacer,
qué debo yo hacer para vivir
una eternidad junto a ti».

Y Él me respondió:
«Las luchas se ganan con cariño y amor,
con el cariño y el amor del Espíritu,
del Espíritu que es de Dios».

Volvió a decir:
«Las luchas se ganan con cariño y amor,
con el cariño y el amor de Jesucristo,
que por amor se entregó.

Por amor sufrió y padeció,
llegando a la muerte
de la que al tercer día resucitó,
dándote la posibilidad de ver a Dios».

El león de Judá

El león que jugaba conmigo
no era otro que el león de Judá.
El mismo que luchó para vencer
era ahora conmigo un león juguetón.
Oh, tú, león, que luchas
y a la vez juegas con los que en ti confían
y creen, hasta tal punto que te ven.
Eres Jesús mi buen amigo,
en el que puedo confiar.
Te amo, te quiero
y ahora por fin te veo.
Para ti, Señor, oh,
Señor, gloria y adoración.

Barba blanca

Barba blanca,
sabiduría del anciano dada por Dios,
guiada por el Espíritu Santo
al niño que llevamos en el interior,
el que siempre debemos tener presente.
Inocencia para darle la gloria a Dios.

Bendeciré tu vida

Sentado en el banco vi una persona vestida de
blanco,
era el Espíritu Santo que se estaba acercando,
y con todo su amor tocaba mi corazón.
«Aquí vengo yo a darte mi perdón,
bendeciré tu vida con alegría e ilusión,
juntaré a tu familia, los proclamaré salvos para
toda la vida,
entrarán en el Reino del Señor,
que por amor se entregó, venció y ahora es
salvación».

Ángeles querubines adoraban al Señor

En el silencio de la noche,
un estruendo suena en mi corazón,
mi respiración y un suspiro que apagaba mi voz.
De repente despierto y estoy solo,
donde todo es cariño, alegría y amor;
ángeles querubines adoraban al Señor.

Sentí en mi pequeño corazón
paz, alegría y amor;
una dulce melodía se entona en el silencio del clamor.
Una voz se oye:
«¡Hosanna es el Señor!».
Ángeles querubines adoraban al Señor.

¡Santo, santo, santo eres tú, Señor!

Unas voces oí que decían:
«¡Santo, santo, santo eres tú, Señor!».
En ese momento se eleva mi voz:
«¡Santo, santo, santo eres tú, Señor!».
Para Él, mi cariño y mi amor.

En la dulce melodía se presenta ante mí
el que me dio la vida, me dio cariño y amor.
Mi voz solo cantaba:
«¡Santo, santo, santo eres tú, Señor!».
En la dulce melodía se eleva mi corazón.

Tremendo sentimiento de amor,
de paz, de alegría y de adoración.
Delante de mí, el Santo,
el que todo lo venció.
¡Santo, santo, santo eres tú, Señor!

«Bienvenido —me decía—, esta es tu casa,
este es tu lugar, por el que lloraste.
Soy yo el que te ama, soy yo Jesús,
el que te abraza y te da cariño,
y ahora es esta tu bendición».

De mi silencio surgió una voz:
«¡Santo, santo, santo eres tú, Señor!
Gracias le decía—, porque me das la oportunidad
de ver lo que siempre dudé. Perdóname —le decía—,
porque te fallé y ahora recibo tu perdón».

¡Santo, santo, santo!
Ahora siento tu perdón,
en mi silencio un dulce cantar.
¡Santo, santo, santo eres tú, Señor!
«¡Gracias —le decía— por recibirme en tu corazón!».

Dándole gloria al Señor

El sonido del silencio sentí,
pena, tristeza y dolor;
era un pajarillo
dándole gloria al Señor.

Mi corazón sentía
paz, alegría y comprensión;
era el amor de Dios,
que en ese momento
inundaba mi corazón.

Regalo de vida eterna

Con los ojos cerrados,
acompañado del Espíritu Santo,
miré al monte.
Vi un león, el león rugía,
los montes se estremecían,
los lobos retrocedían.
Era Jesús, que venía,
con todo poder y gloria,
y con todo poder y gloria que desprendía
se acercó a mí lleno de cariño y amor.
Me regalaba la vida eterna,
esa que tanto amor le costó.

Eleva mi voz al cielo

Eleva mi voz al cielo,
será grande tu hermosura
adorando a mi Cristo bueno.
¡Llévame a mí primero!

Eleva mi voz al cielo,
será grande tu hermosura,
adorando a mi Dios del cielo.
¡Poder verte yo primero!

Oh, tú

Oh, tú, Señor, Padre celestial,
que reinas en el cielo, y en la tierra gobiernas.
Cubre con tu sangre cada rincón de mi casa,
de mi familia y mi vida.
Esa sangre preciosa, gloriosa sangre por nosotros derramada.
Oh, tú Jesús, justo eterno,
Santo Único y Supremo.
Gloria, alabanza y adoración para el que por siglos vive,
el que hace fuerte al débil, al caído levanta y da vista al ciego.
Nombre, sobre todo nombre.
Oh, tú, Señor, que gobiernas mi hogar y mi corazón,
y lo llenas de hermosura con tu poderosa presencia.
Espíritu Santo, que te muestras
como fuego purificador,
que limpias de mí el pecado y me das consolación.
¡Dulce paz y amor inunda este simple corazón!

Corazón

Corazón dispuesto a luchar para vencer,
dispuesto a mirar a la muerte a la cara
y a recibir la lucha que te espera.
Corazón dispuesto a recibir la bendición
tan grande como es morir para vivir.
Corazón dispuesto a recibir al Rey
que por siglos debes adorar y glorificar toda la eternidad.

Feliz en alegre despertar

Gracias, Padre celestial, Dios de la gloria,
por tan agradable despertar en estas horas de la
noche.
En este bello despertar el Señor me decía al oído:
«Mi hijo, necesito que ahora te pongas a hablar».
Feliz en alegre despertar, «¿Con quién, mi Dios?», le
decía,
y Él en su maravillosa y respetuosa voz dijo: «A mí».
Increíble llamada, le pedí: «Permíteme unos
segundos, Señor»,
y con ese alegre despertar, empezaba yo a orar.
«Gracias por tan alegre despertar en estas horas de la
noche,
no merezco que voz tan grande como el cielo me
despierte».
Mi corazón empezaba a hablar: «Espíritu Santo —le
decía—,
te invito a venir a mi lado, a mi hogar junto a mi
familia.

Perdona todas mis iniquidades y borra todas mis
rebeliones,
limpia mi corazón e inúndame con tu amor».
Feliz en alegre despertar, tardé segundos en comenzar
a orar
y al Señor darle gloria y adoración.
Se inundó mi corazón en ese momento
de poderosos sentimientos de gran cariño y amor.

Gloria, honra y adoración

Gloria, honra y adoración al Dios que todo lo creó.
Para él mi vida, para él mi corazón.
Gloria, honra y adoración al Señor que todo lo creó.
Para él mi casa, mi familia y todo mi amor.
Honra y adoración al león que por ti luchó y venció.
Para él la alabanza y el honor.
Gloria, honra y adoración al Señor, tu Dios, que todo
lo creó.

Lo hice por ti

En la noche orando al Señor, una palabra me conmovió
Acaso de nada valió, no supe responder
Cada palabra que me decía aún más me conmovía.
Sufrí, padecí, lo hice por ti,
y ahora tú no confías en mí,
cuando yo lo único que quería era amarte y perdonarte.
Lo hice por quererte, lo hice por ti.
Lo hice por amarte a ti.

Todo para el Señor

El Señor, tu Dios, es digno merecedor de toda
adoración. De toda gloria, honra y honor.
Porque él es amor, sabio sobre todos los sabios.
Su amor y misericordia son infinitas para ti,
para mí y para todos.
Para él sean la alabanza, honra y adoración.

El sonido de un reloj

Estaba solo con el sonido de un reloj: tic, tac; estaba yo,
adorando al señor.
Su compañía era tan grande y maravillosa que no podía
dejar de orar. Era Jesús, que me abrazaba.
«Hijo mío —me decía—,
lo que sientes es mi ternura y mi amor. Mi gran
compresión».
Tic, tac, con el sonido del reloj, el rey se presentaba ante mí.
Maravillado me quedaba
al ver tanta hermosura en él.
Con sus caricias, limpiaba lágrimas del corazón.
Grande y majestad es Él, que
vive, que ve y todo sabe.
«Abrázame —le decía—, necesito tu amor, tus caricias y
comprensión».
No dudó, tardó segundos en abrazarme, en amarme y
comprenderme.
Para él, la gloria, la honra y la adoración. Para él, mi vida
y mi amor Todo esto con el sonido de un reloj: tic, tac

Cánticos

Cánticos de adoración salen de mi boca.
Dulce al paladar es adorarte, oh, Jehová.
Rey de reyes y señor de señores.
Gloria y honra, por todos, mereces.
Te alabaré siempre.
Alabarte es dulce al paladar.
Dulces palabras de mi boca salen
para alabarte,
para alabarte siempre.

El silencio

En el silencio del clamor,
el Señor me llamó.
«Vengo a darte mi cariño y mi amor.
Siempre estaré contigo como lo
prometido».
Gracias, Padre mío, por tu consuelo y
tu cariño. Tú siempre estarás conmigo.
No permitas que me pierda, salva mi alma eterna.
Llévala donde tú quieras.
Deja que entre en tu casa eterna Gracias, Padre
mío, porque siempre estás conmigo.
Cógeme en tus atrios.
Permíteme entrar en tu aposento.
Te amo, te adoro a ti, mi Dios del cielo.

Mi Señor

Gracias, señor Padre, que estás en el cielo.
Por tu amor, misericordia y perdón, por ello,
gracias, mi Señor.
Lo imposible tú lo haces posible.
Tu amor y misericordia son eternas y para
siempre duraderas.
Señor, que estás en el cielo, gracias por tu dulce
cantar, porque con nosotros siempre estás.
Te amo, te quiero, gracias, mi papá bueno.
Para ti, mi Señor del cielo.

El amor

Corazón engañoso
que amas sin saber por qué
Solo recibes lo que te da.
Amas sin preguntas, y sin preguntas recibes respuestas.
Amas en silencio.
Lo compartes sin preguntar por qué. Das con cariño y
comprensión lo que el Señor te da.
Tu corazón, que amas y no sabes por qué, compartes lo
que mi Dios del cielo da.

La diestra de tu mano

La diestra de tu mano, tan grande y poderosa.
Sublime y majestuosa.
El poder de tu gloria es admirable, maravilloso.
Milagroso.
Gloriosa es la diestra, me conmueve, me alegra.
Haces cada día un nuevo camino
con tu amor y comprensión.
La diestra de tu mano me sustenta.
Me da nueva vida cada día.
Gracias, mi Señor, por tu diestra, como siempre
grande, magnífica y poderosa.

Lo primero

Elevo mi voz al cielo, adorando a mi Cristo bueno.
Tú eres lo que más quiero, eres lo primero.
Elevo mi voz al cielo para dar gracias a mi Dios del cielo.
Al despertarme yo, primero eres, lo que más quiero, lo
que más amo.
Para mí, tú eres lo primero.
Adorarte yo primero.
A ti, mi Señor del cielo, redentor, creador del planeta y
el universo.
Te amo, te quiero a ti primero.

Las aguas

Señor
Sumérgeme en tus aguas.
Dame de beber y de comer.
Restabléceme, dame fuerzas para poder vencer.
Dame amor, que seas tú, mi Señor,
el que lucha para vencer
las batallas diarias, cotidianas de la vida. Amar y
ser amado
es más bello que las flores de tu huerto.
Jardinero, cuidador y redentor,
cuídanos como las flores de tu huerto.
Nos riegas, nos cuidas y proteges
como las rosas de tu huerto,
jardinero fiel y verdadero.
Te amo, te quiero a ti, mi Señor del cielo.

El constructor

Ay, cuánto te quiero, Nazareno.
Eres carpintero y alfarero.
Rompes la vasija y la haces de nuevo.
Tú construyes sillas, sillas de madera, para
siempre duraderas
Eterna es la vasija que rompes y haces nueva
para toda una vida duradera.

Bonito es adorarte

Alabarte, amarte y bendecirte siempre es bueno.
Fantástico, grandioso y maravilloso es adorarte,
creerte.
Saber que siempre estás junto a mí, Padre mío y
Señor mío.
Rey, gobernador de mi corazón y mi amor,
que das sin esperar. Tú, que siempre estás.
Maravillas creas en mi vida.
Redentor, creador, sanador y libertador.
Grande, majestad, rey supremo.
Fantástico es adorarte, amarte.
Creerte es, para mí, adorarte, amarte, agradecerte.
Vida diste, resucitaste.
Creaste escalera al cielo eterno junto a Dios,
Padre bueno
que está en los cielos.

El fundador

Árbol, rosas, claveles, lirios tú formaste.
Hiciste el cielo; la tierra tú fundaste.
Todas ellas, con su nombre, tú hiciste, pusiste.
Oh, tú, dueño y señor.
Eres el dueño, el creador de la faz de la tierra,
y los planetas tú formaste.
Oh, tú, creador, redentor. Dueño y señor.
Con tus manos sacaste, creaste, hiciste.
Vida, humano, tú formaste. Vida diste con el
soplo de tu boca,
por su nariz entró.
Redentor, creador y señor de los reinos, tú
fundaste, hiciste fortaleza.
Tú diste vida para que la vida que tú creaste te
condenara.
Condena injusta, inmerecida.
Te diste para crear la vida, la vida eterna,
verdadera
y eterna en gloria, salud, alegría y bienestar
en paz, armonía, en amor y con justicia.
Verdaderamente, realmente.

Tú eres, serás y fuiste
el que ahora eres, creador, redentor sanador y
libertador.
Gloria a tu nombre,
Jesús.
Justo, único, santo, eterno.
Rey supremo…
Dios…

La ventana

Abre la ventana.
Deja que el Señor ilumine la mañana.
Sanará tus heridas, verás las heridas sanadas.
Abre la ventana, deja que el Señor ilumine la
mañana.
Bendecirá tu casa, a tu familia y tu vida.
La llenará de cariño, amor, alegría y
comprensión.
Bendecirá tu corazón.
Lo bendecirá con amor.

Gloria a su nombre

Bonito es alabarte, adorarte.
Bonito es el nombre elegido.
No hay nombre tan grande, poderoso y sublime
como es el tuyo,
Jesús,
el justo, único, santo, eterno y supremo.
Nombre con poder.
Sangre derramaste, poderosa sangre derramada.
Grandiosa sangre derramada.
Con ella, sanas, libertas, das fortaleza y libertad.
Con esa sangre derramada
nos diste vida, vida verdadera,
una esperanza nueva de vivir una vida eterna.
Vendrás y con nuestros seres queridos estaremos.
Una vida eterna, verdadera,
Ahí arriba junto al Padre bueno.

La esperanza

Estaba solo y se murió.
Sin el cariño de su vida, sin ninguno de la
familia
Jesucristo le esperaba, en sus brazos le tomaba,
el Espíritu Santo le acompañaba.
Ven, entra en mi aposento, verás
al Padre bueno.
Maravillado me quedé cuando vi al Padre
bueno.
Un abrazo también me daba.
Con su amor y su cariño
sentí su perdón.
De rodillas me postraba. «Perdóname —le
decía—
por todo el daño que te hacía
cuando mi pecado tú pagabas».
Una palabra de mi boca: «Gracias —le decía—
por formar parte de tu familia».
Fiesta se celebraba.

Cuando un pecador se arrepiente,
con su amor y su cariño notas, percibes su
perdón.
Entra en mi aposento y
verás lo que hay dentro.
Ternura, cariño, amor y comprensión.
Un sitio donde todo es
paz, alegría y comprensión.
«Santo —le decía—,
ahora veo tu perdón, tu cariño y tu amor.
Ahora veo tan gran corazón».

El amanecer

En el amanecer, asombrado me quedé
admirando tu creación.
Los cielos entre montañas, el sol salía, precioso
amanecer.
Sol deslumbraba que salía entre montañas.
Pajarillos te cantaban.
Dándote gracias te adoraban por tan bonita
mañana.
Águilas tú mandabas para hacer resplandecer tan
bello amanecer.
Para poder ver y creer lo que tú hiciste con tan
grande poder.
Ver creer lo que tú creabas.
Es de agradecer creer lo que tú creabas
con tanto cariño y amor.
Por ti, mi rey, fue la creación.

Nuevo día

Mientras el sol se ponía, más oscuridad había.
Lágrimas de mi corazón salían
porque tan grande pena sentía al ver la
unanimidad hundida.
A terribles tormentas se sometía.
Guerras, pestes era lo que la creación tenía.
«Será de noche toda una vida, será el sufrir un
solo día»,
pensaba yo mientras el sol salía.
Llega un nuevo día.
El sol alumbra, una alegre melodía.
Mientras, Jesús, de entre las nubes salías.
A por los tuyos venías,
llevándolos hacia la alegre melodía.
Un nuevo cantar de oía
«Santo», le decían.
Gran despertar.
Contigo, Señor, será solo un nuevo día.